# ¿Cómo nos orientamos?

por Sarah De Capua

**Consultora**
Nanci R. Vargus. Ed.D.
Profesora asistente de lectura
Universidad de Indianápolis, Indianápolis, Indiana

**Traductora**
Eida DelRisco

Children's Press®
Una división de Scholastic Inc.
Nueva York   Toronto   Londres   Auckland   Sydney
Ciudad de México   Nueva Delhi   Hong Kong
Danbury, Connecticut

Diseñador: Herman Adler Design
Investigadora de fotografías: Caroline Anderson
La foto en la cubierta muestra una familia mirando un mapa.

**Información de Publicación de la Biblioteca del Congreso de los EE.UU.**

De Capua, Sarah
 [We need directions! Spanish]
 Cómo nos orientamos / escrito por Sarah De Capua.
    p. cm. – (Rookie español geografía)
 Resumen: Una introducción a los puntos cardinales y a cómo encontrarlos usando una brújula, el Sol y un mapa.
    ISBN 0-516-24442-6 (lib. bdg.)          0-516-24691-7 (pbk.)
 1. Puntos cardinales-Literatura juvenil. [1. Puntos cardinales. 2. Orientación. 3. Materiales en lengua española.] I. Título. II. Series.
 G108.5.C3D418 2004
 912'.01'4-dc22
                                            2003016724


©2005 por Scholastic Inc.
Todos los derechos reservados. Publicado simultáneamente en Canadá.
Impreso en China.
Publicado originalmente en inglés por Children's Press, en 2002.

CHILDREN'S PRESS y los logos asociados son marcas comerciales
y/o marcas comerciales registradas de Scholastic Library Publishing.
SCHOLASTIC y los logos asociados son marcas comerciales y/o marcas
comerciales registradas de Scholastic Inc.

4 5 6 7 8 9 10 R 14 13 12 11 10 09 08

# ¿Has estado alguna vez en un auto con adultos que estuvieran perdidos?

Quizás hayan usado un mapa para averiguar qué camino seguir.

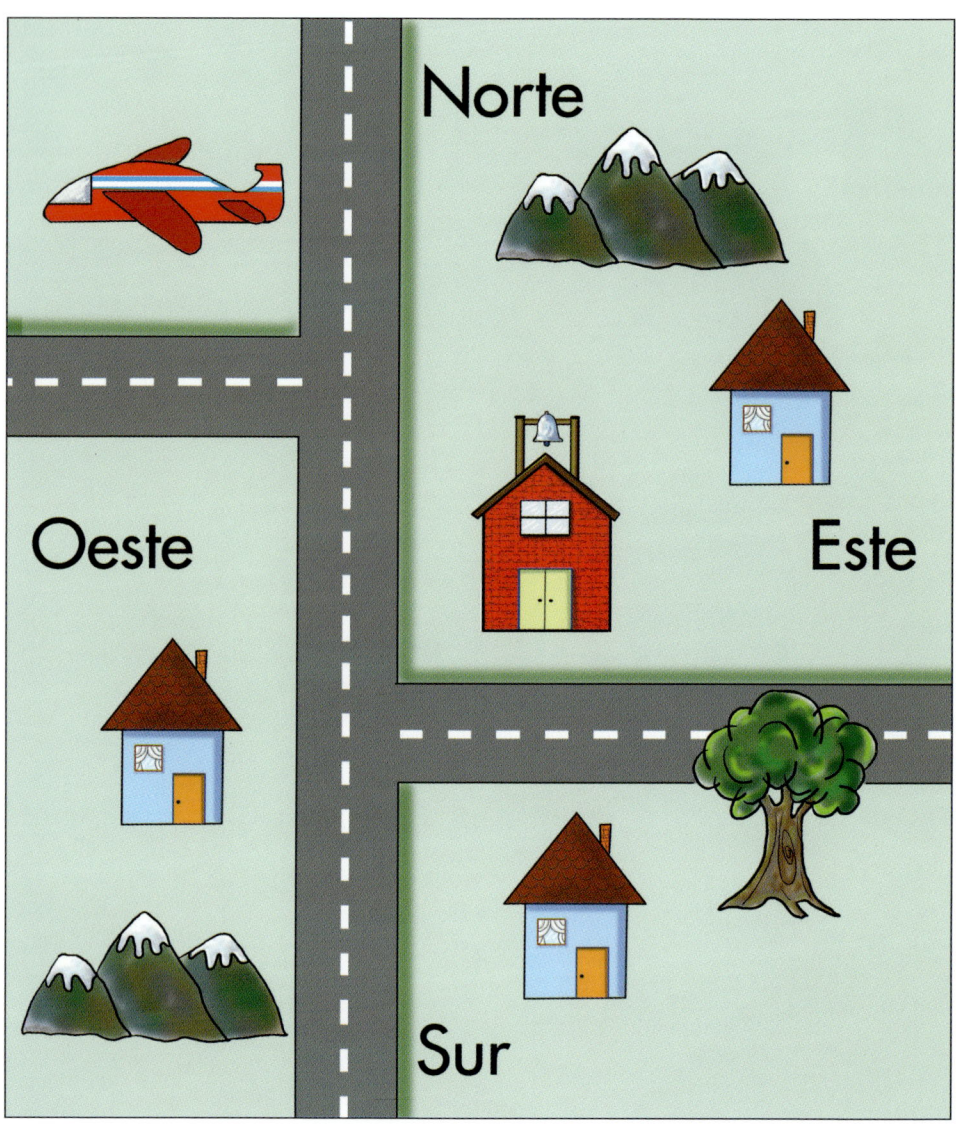

Los mapas muestran los puntos cardinales: norte, sur, este y oeste. Éstas son las cuatro direcciones principales.

El norte está en la parte de arriba del mapa. El sur está en la parte de abajo. El este y el oeste están a los lados.

Mira un mapa o un globo terráqueo. ¿Puedes encontrar la rosa de los vientos?

La rosa de los vientos apunta
al norte, al sur, al este y al oeste.

Mira la rosa de los vientos en este mapa.

¿Qué dirección tomarías para ir de la escuela a la biblioteca?

Si dijiste al norte, ¡tienes razón!

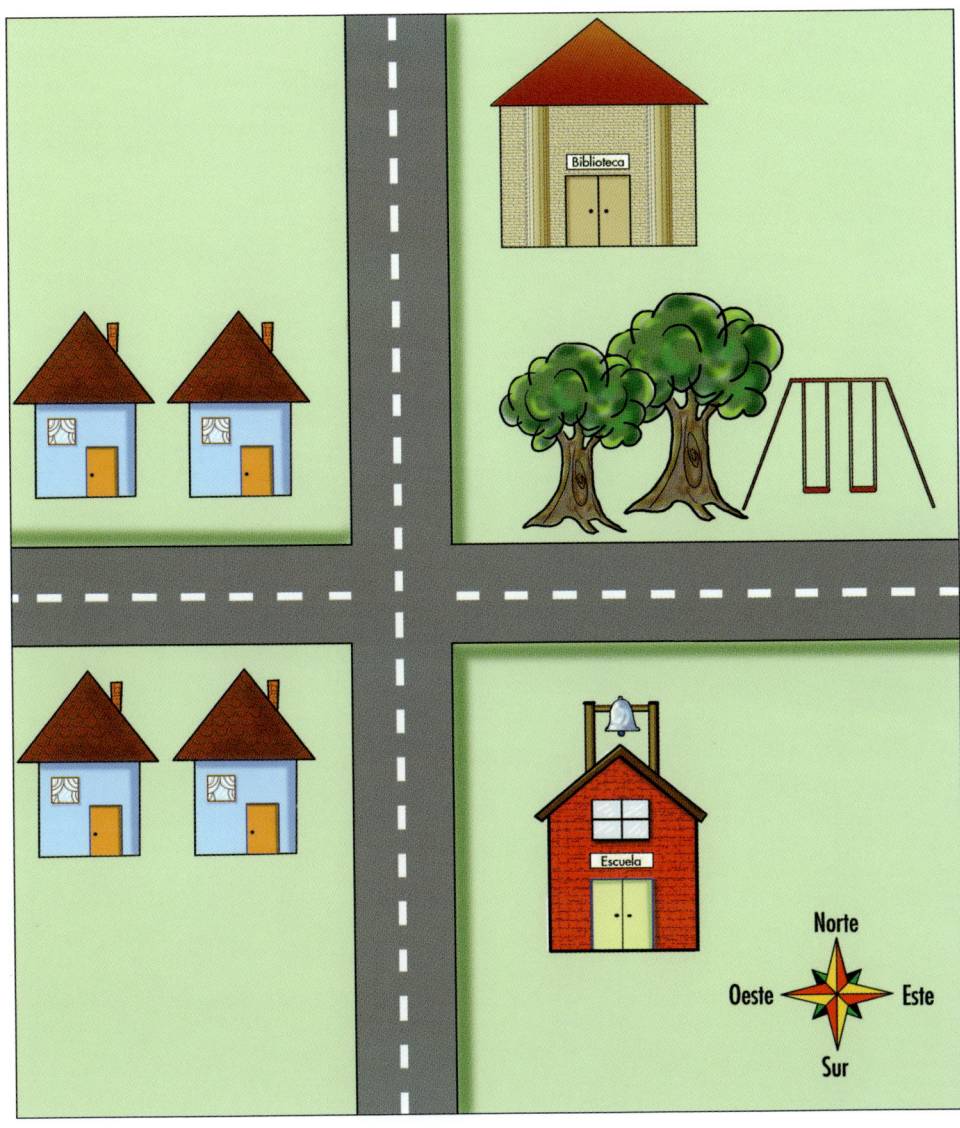

¿Qué dirección tomarías
para ir de las casas al parque?

Si dijiste al este, ¡tienes razón!

No necesitas un mapa ni un globo para averiguar dónde están los cuatro puntos cardinales. Puedes encontrarlos tú solo.

Mira por donde sale el Sol en la mañana. Esa parte del cielo se llama este.

Mira por donde se pone el Sol en la tarde. El Sol siempre se pone por el oeste.

Párate con la mano derecha apuntando hacia el este (por donde sale el Sol). Con la mano izquierda, apunta hacia el oeste (por donde se pone el Sol).

Estás de frente al norte.

Norte

Oeste  Este

Sur

Date la vuelta. Ahora, apunta con tu mano izquierda hacia el este. Apunta con tu mano derecha hacia el oeste.

Estás de frente al sur.

Imagina que estás perdido. No tienes un mapa. No sabes dónde están el este ni el oeste. ¿Qué puedes hacer?

Puedes usar una brújula. La flecha de la brújula siempre apunta hacia el norte.

Los excursionistas usan las brújulas para encontrar el camino.

Algunos autos tienen incorporadas brújulas que muestran la dirección en que viaja el auto.

Mira un mapa de tu ciudad.
Busca la calle donde vives.
¿En qué dirección está
tu escuela?

¿Qué dirección tomas para llegar a la estación de policía?

Ahora que conoces las cuatro direcciones principales, puedes encontrar el camino a casi cualquier lugar.

# Palabres que sabes

brújula

rosa de los vientos

este

globo terráqueo

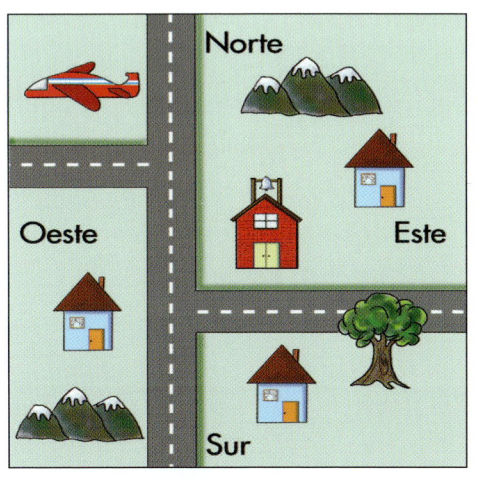

mapa

norte

sur

oeste

## Índice

autos, 3, 25
brújula, 22-25
dirección/direcciones, 7, 10, 13, 25-28
este, 6, 7, 9, 11, 12, 13, 16, 18, 19, 20, 21, 22
excursionistas, 24
globo (terráqueo), 8, 14
mañana, 16
mapas, 4, 5, 6, 7, 10, 11, 12, 14, 26
norte, 6, 7, 9, 10, 11, 12, 18, 19, 20, 23
oeste, 6, 7, 9, 11, 12, 17, 18, 19, 20, 21
puntos cardinales, 7, 14
rosa de los vientos, 8-12
Sol, 16-18
sur, 6, 7, 9, 11, 12, 19, 20, 21
tarde, 17

## Acerca de la autora

Sarah de Capua es autora y editora de libros para niños. Reside en Colorado.

## Crédito de las fotografías

Fotografías ©2005: Corbis-Bettmann/Roger Ressmeyer: 22; Dembinsky Photo Assoc./Mark E. Gibson: cubierta; Photo Researchers, NY: 26 (David R. Frazier), 8, 30 abajo a la derecha (Will & Deni McIntyre), 27 (Lawrence Migdale); Photodisc, Inc.: 3, 24; PhotoEdit: 5 (John Neubauer), 29 (J. Nourok); Rigoberto Quinteros: 19, 20, 25, 31 arriba a la derecha, 31 abajo a la izquierda; The Image Works: 17, 31 abajo a la derecha (Mulvehill), 15, 16, 30 abajo a la izquierda (Ellen Senisi); Visuals Unlimited/Jeff J. Daly: 23, 30 arriba a la izquierda.